AF321755

PRÉCIS DES ACTES

DE LA

DIPLOMATIE IMPÉRIALE

ET DE SES PRINCIPALES FAUTES

PENDANT LES DIX DERNIÈRES ANNÉES DE L'EMPIRE,

PAR LE Cᵗᵉ DE LALLEMAND,

ANCIEN ENVOYÉ DE FRANCE EN CHINE

PARIS,

DENTU, LIBRAIRE-ÉDITEUR,

Palais-Royal, Galerie d'Orléans.

1871.

PRÉCIS DES ACTES

DE LA

DIPLOMATIE IMPÉRIALE

ET DE SES PRINCIPALES FAUTES

PENDANT LES DIX DERNIÈRES ANNÉES DE L'EMPIRE.

Les pages qui suivent ont été écrites dans le courant de mars. Les terribles événements de Paris en ont retardé l'impression. Lorsqu'on se fait imprimer, c'est toujours dans l'espoir d'avoir quelques lecteurs, et cet espoir n'était guère permis durant les semaines pleines d'angoisses que nous venons de traverser. Est-il plus fondé aujourd'hui? Le public en décidera.

Au reste, je n'ai pas à regretter ce retard, puisqu'il a donné le temps de se produire à deux ou trois faits qui sont des révélations importantes venant manifestement à l'appui des inductions que renferme la fin de ce travail, en ce qui touche la conduite diplomatique du gouvernement du 4 septembre.

Je ne citerai qu'un de ces faits.

Vers le milieu du mois dernier, alors que l'Assemblée nationale était appelée à examiner dans ses bureaux, puis à ratifier le traité de paix définitif avec l'Allemagne conclu à Francfort le 10 mai, un député, M. Chaudordy, qui appartient au ministère des affaires étrangères, et qui a été son délégué à Tours pendant le siége de Paris, ayant élevé quelques critiques sur la conduite des négociations et insinué qu'il eût été possible d'obtenir des conditions de paix moins défavorables, l'illustre chef du pouvoir exécutif, M. Thiers, fut amené à lui répondre. Et sa réponse nous a appris que, dans le courant d'octobre, il avait été possible, en effet, de traiter à des conditions meilleures, qui eussent laissé peut-être la Lorraine entière entre les mains de la France, mais que ces conditions furent rejetées sur l'avis de M. le général Trochu, *trop confiant dans la réorganisation de notre armée.*

Faut-il voir dans ce refus, qui nous coûte un peu cher, seulement un témoignage d'illusions opiniâtres qu'aurait entretenues le gouvernement du 4 septembre sur le succès de la résistance à

outrance qu'il avait entreprise contre l'invasion?
Ou bien y faut-il voir une preuve de l'état de contrainte et d'oppression que subissait ce même gouvernement, dans Paris assiégé, de la part de cette
portion trop nombreuse de la population pari-
sienne qui, par des motifs trop connus, ne voulait
entendre à aucun accommodement, et ne laissait
pas au gouvernement la faculté d'avoir une opinion indépendante et de négocier d'après cette
opinion?

L'un et l'autre, à mon avis.

Il faut distinguer dans le gouvernement du
4 septembre deux parties bien différentes l'une
de l'autre par leur situation comme par leur conduite. Il y a eu le gouvernement *du dehors*, celui
qui s'était incarné à Tours, puis à Bordeaux, dans
la personne de M. Gambetta, et dont les illusions
fanatiques et furieuses étaient aussi peu appli-
cables aux négociations qu'à la guerre. Celui-là a
eu la liberté de ses résolutions et de ses mouvements. — Puis il y a eu le gouvernement enfermé
dans Paris, et dont le principal personnage, au
moins dans les deux ou trois premiers mois, fut
M. le général Trochu. Ce dernier n'a pas eu, j'en
suis persuadé, toute l'assurance qu'il a témoignée
parfois quant à l'issue de la lutte; il est trop

éclairé pour cela, mais il a été contraint de montrer une confiance qu'il n'avait pas.

Enfermé avec une population dont la majeure partie était ou coupable, ou insensée, et prête à voir des traîtres dans les chefs les plus honnêtes, assiégé dans les murs et hors des murs, il n'a pu avoir une politique de combat, non plus qu'une politique de négociation. D'où il suit que sa part de responsabilité dans les événements est infiniment moindre que celle du gouvernement de Tours et de Bordeaux. C'est bien celui-ci qui, hors d'état de rien faire pour secourir Paris, comme l'événement l'a prouvé, serait inexcusable d'avoir refusé, *à un moment quelconque,* des conditions de paix moins dures que celles que nous avons subies.

En résumé, le gouvernement de Paris avait les mains liées étroitement, et le gouvernement de Tours et de Bordeaux, c'est-à-dire M. Gambetta, était fou; ce qui explique suffisamment que l'un ou l'autre, ou tous les deux, aient laissé passer une occasion opportune de négocier. Mais il n'est pas moins vrai que le gouvernement du 4 septembre a consommé la ruine diplomatique et militaire de la France, déjà aux trois quarts accomplie par l'empire.

Pendant que cet écrit s'imprime, un débat s'é-
lève à l'Assemblée nationale à propos de l'enquête
sur la conduite du gouvernement dit de la défense nationale, et M. le général Trochu, dans un
long et intéressant discours, fait l'exposé de sa
conduite politique et militaire avant, pendant et
depuis le 4 septembre. Ce discours, sans doute
sincère, ne confirme pas les illusions qui auraient décidé le général à se montrer défavorable
à une négociation avec l'Allemagne dans le courant d'octobre. On y lit, au contraire, que « dès
» la fin de septembre, interrogé par ses collègues,
» il exprima l'opinion que Paris serait vaincu, au-
» cune armée de secours n'existant avant l'in-
» vestissement; que la résistance était une hé-
» roïque folie, mais nécessaire pour sauver l'hon-
» neur de la France; que néanmoins il a espéré
» quelques secours de l'Angleterre et de l'Amé-
» rique...., » ce qui étonne un peu.

Il reste à savoir si, dans le courant d'octobre,
Paris n'avait pas assez fait pour l'honneur, et,
puisque l'issue de la lutte était prévue, si la bonne
politique et la bonne diplomatie ne devaient pas
avoir leur tour, c'est-à-dire s'employer à conserver à la France une province française. Mais on
avait lâché une parole téméraire : *Pas un pouce*

de notre territoire, pas une pierre de nos for-
teresses, et il fallait que la France subît jusqu'au
bout la fatalité de cette parole.

16 juin.

20 *juin.* — Voici, dans le discours prononcé
par M. Jules Favre, il y a trois jours, sur une
question posée par M. de Valon, député, une con-
firmation nouvelle et imprévue des jugements
portés ci-dessus quant à la diplomatie du gouvernement du 4 septembre. Qu'on veuille bien lire
ce discours, qui ne saurait être rapporté ici, et
que l'on juge ! — La seule excuse donnée à l'im-
puissance du négociateur, c'est qu'il n'appartenait
qu'à la France, c'est-à-dire à une Assemblée nationale, de consentir à une cession quelconque
de territoire ou de fortifications. Et l'on n'a pas
convoqué l'Assemblée nationale ! — Il est vrai
que M. Jules Favre était personnellement favorable à la convocation immédiate, et il est juste de
lui donner acte de ce désir honnête, mais qui est
demeuré stérile.

———

Parmi les personnes qui, à diverses époques de la durée du second empire, ont prédit sa chute plus ou moins prochaine, aucune peut-être n'avait prévu que cette chute serait l'œuvre de la guerre et de l'invasion, et liée à une catastrophe épouvantable, qui envelopperait dans une ruine commune, et le gouvernement impérial et la France elle-même. Les uns, voyant la dépense et l'emprunt érigés par ce gouvernement en système permanent, non-seulement pour l'Etat, mais encore pour les départements et pour les villes, le crédit public surmené, les ressources du pays escomptées à l'avance, disaient, malgré l'accroissement rapide de la richesse de la nation : « L'empire périra par les finances. » D'autres, plus touchés des excès dont le centre était au ministère de l'intérieur, c'est-à-dire de l'abus des candidatures officielles et de l'intervention administrative dans les élections, prévoyaient le moment où l'esprit public se révolterait contre ces excès, et allant, comme d'ordinaire, à un autre extrême, en viendrait à contester au gouvernement jusqu'à un droit d'ingérence légitime, pourvu qu'il soit loyalement exercé et contenu par l'honnêteté, dans les élections politiques. Et ils pensaient que, ce jour-là, le principal ressort du gouvernement, c'est-à-dire la candidature officielle soutenue à outrance, se trouvant faussé et rompu, toute la machine serait mise en péril et menacée d'explosion.

Aucune de ces deux prévisions ne s'est réalisée; les finances, pendant les deux dernières années de l'empire, à la faveur d'un contrôle plus sérieux et qui tendait à devenir de plus en plus efficace, avaient pris une meilleure assiette, et rien n'était désespéré de ce côté-là si on eût conservé la paix. On en peut dire autant de la question des candidatures officielles. L'abstention à peu près complète du gouvernement dans les élections partielles qui suivirent les élections générales de 1869, ne tourna pas contre lui; il n'eut même pas lieu d'être mécontent de leur résultat, à la condition d'être sincère dans ses intentions de retour progressif au gouvernement parlementaire, tel que le comprenaient les députés des deux centres de la Chambre.

C'est du dehors, c'est de la détestable direction imprimée depuis une dizaine d'années à notre politique extérieure, que devait venir le péril. De ce côté-là, non plus, les avertissements, les prévisions n'avaient pas manqué, et les révélations prophétiques de M. Thiers auraient suffi pour dessiller les yeux les plus obstinément fermés. Mais ceux-là qui blâmaient le plus justement la conduite de nos affaires extérieures, et M. Thiers lui-même, avaient confiance [1] dans notre puissance militaire; ils la croyaient suffisante, et, ne se rendant pas compte de l'accroissement considérable de celle de l'Allemagne, ils estimaient ou que la guerre avec l'Allemagne ne se ferait pas, ou qu'elle se ferait dans des conditions qui nous permettraient de ne pas trop la craindre. C'est en ce point que l'événement les a trompés. Il est

[1] M. Thiers, plus que tout autre, devait être pénétré de cette confiance, puisqu'il a refusé son vote à l'institution de la garde mobile, destinée à augmenter nos forces militaires qu'il jugeait sans doute suffisantes.

donc vrai que l'orage qui a emporté l'empire et couvert en même temps la France de ruines est venu du côté où on l'attendait le moins. D'où je tirerai seulement cette conclusion, que les affaires extérieures et la direction générale imprimée à la diplomatie, choses qui, par leur nature même, échappent le plus aisément au contrôle des assemblées les plus libres, sont celles qui demanderaient la surveillance la plus ferme et la plus éclairée, puisque leur mauvaise gestion peut conduire, nous le voyons, à une guerre funeste et à l'invasion du sol de la patrie, c'est-à-dire au dernier des malheurs.

On a rapporté que l'empereur Napoléon, vaincu et devenu le prisonnier du roi de Prusse, aurait dit à son vainqueur : « Ce n'est pas ma faute, je ne voulais point cette guerre. C'est la France qui l'a voulue et qui m'y a poussé. » On souhaiterait, pour l'honneur de l'humanité, qu'un si indigne propos ne fût jamais sorti de la bouche qui l'a prononcé, dit-on. On ne s'excuse pas ainsi de ses propres œuvres, par devers un vainqueur tout puissant, aux dépens d'une nation qui trois fois vous avait confié ses destinées et qu'on a conduite aux abîmes. Mais, en attendant que cette fâcheuse parole soit démentie, si elle doit l'être, il convient d'examiner si, de fait, elle a quelque fondement et sur qui pèse la responsabilité de la guerre et des malheurs qui l'ont suivie.

C'est la diplomatie, prise dans son acception la plus générale et la plus haute, c'est la bonne ou mauvaise direction imprimée aux relations extérieures d'un peuple, qui prépare la paix où la guerre; c'est la bonne qui permet seule de conserver la paix lorsqu'on le peut sans dommage, ou d'entreprendre la guerre à propos lorsqu'on ne peut l'éviter sans détriment pour les intérêts du pays. Voyons donc quelle a été la diplomatie de l'empire dans les dix dernières années, je parle de cette diplomatie occulte et dangereuse qui se faisait dans le cabinet de Napoléon III, par dessus la tête des agents accrédités auprès des cours étrangères, et que la plupart de ces agents n'approuvaient pas. Ils sentaient bien que leur situation en était faussée, leur autorité compromise, parce qu'ils ne représentaient plus, dans les conjonctures les plus importantes, ni la pensée réelle du souverain, ni la politique véritable de la France, qui se faisait ailleurs et dans l'ombre par des entrevues avec M. de Cavour et M. de Bismark et autres procédés analogues. Première et grave atteinte à la bonne foi dans les rapports internationaux, en dehors de laquelle il n'y a ni sûreté pour personne, ni habileté véritable. Car il ne suffit pas d'être roué pour être habile : l'habileté procède de la prévoyance, de l'intelligence des intérêts généraux, d'où découle presque toujours le discernement vrai des intérêts particuliers d'une nation.

I.

LA GUERRE D'ITALIE. CE QU'ELLE A ÉTÉ ;
CE QU'ELLE AURAIT PU ÊTRE.

L'empereur Napoléon III, dans les premières années de son règne, avait eu l'heureuse fortune de terminer avec succès la guerre d'Orient, guerre politique et sage, et qui aurait suffi à la gloire d'un long règne, si cette gloire eût été mieux comprise. La France y avait trouvé l'occasion mémorable de vaincre et de grandir sans offrir le moindre prétexte à accuser son ambition. Ayant servi efficacement l'intérêt général de l'Europe, dans lequel le sien se confondait, elle avait recueilli le prix de sa sagesse par un accroissement considérable de son autorité dans le monde qui la rendit pendant quelques années l'arbitre des affaires de l'Europe. Peu touché d'un si grand succès, Napoléon III méditait une autre entreprise, d'une nature bien différente, et la guerre d'Italie couvait dans son cerveau, cherchant l'occasion et l'heure de son éruption. On croit que l'attentat d'Orsini, en janvier 1858, donna l'impulsion dernière aux résolutions de l'empereur. Je l'ignore ; mais ce qui est certain, c'est que les liaisons anciennes de Napoléon avec les *carbonari* italiens eurent très grande part à sa conduite envers l'Italie et envers l'Autriche, et c'est un fait qu'il est nécessaire de noter en passant, puisque c'est lui qui a imprimé son vrai caractère à la guerre d'Italie, caractère tout italien et nullement français.

La guerre faite à l'Autriche en Italie eût été concevable si elle eût été entreprise au point de vue français, c'est-à-dire si elle n'avait eu d'autre but que de réduire à la portion congrue, si on veut bien me permettre cette expression familière, la domination excessive de l'Autriche dans la Péninsule italique ; œuvre qui rentrait dans la politique de Henri IV et de Richelieu, ainsi que l'attestent les papiers d'Etat de cette époque. Mais ceci demande quelque explication.

La domination de l'Autriche en Italie était de

deux natures, domination territoriale comprenant la Lombardie et la Vénétie, domination politique s'étendant sur la Péninsule entière, le Piémont excepté, et l'une s'appuyant sur l'autre. Par le fait de la seconde, fondé sur des traités positifs conclus avec les divers Etats de l'Italie, ceux-ci avaient aliéné à l'Autriche la partie la plus importante de leur indépendance et de leur souveraineté intérieure, puisqu'ils avaient renoncé à la faculté de faire aucune réforme politique qui portât ombrage au cabinet de Vienne. L'une des garanties de cet état de choses était l'occupation permanente d'une partie considérable des Etats de l'Eglise par les troupes autrichiennes.

On peut croire, sans témérité, que cette situation n'était bonne ni pour l'Italie ni pour la France, qui voyait ainsi cette contrée soustraite à son influence politique et immobilisée sous la main de l'Autriche, et que dès lors une guerre faite en vue de mettre fin à cet état de choses n'était pas une entreprise anti-française. Toutefois, pour faire cette guerre, il fallait un point d'appui en Italie ; mais ce point d'appui était trouvé : c'étaient le Piémont et la maison de Savoie, auxquels on pouvait donner sans inconvénint les territoires à conquérir sur l'Autriche, afin de l'intéresser à la guerre. Une condition cependant était nécessaire pour le succès de l'entreprise ainsi conçue : c'était l'exclusion expresse, et par un traité précis, de la politique révolutionnaire et de tout attentat contre les gouvernements italiens. Il fallait stipuler, sous des garanties convenables et avec des clauses au besoin comminatoires, que le Piémont agrandi ne pourrait être que le premier des Etats italiens, que jamais il n'aspirerait à détruire les autres et à se substituer à eux, en un mot qu'il ne pourrait y avoir de changement territorial en Italie qu'aux dépens de l'Autriche. Cette puissance, en cas de succès de la guerre, aurait été contrainte de rendre aux gouvernements italiens leur autonomie, qui se serait probablement exercée, sous le patronage de la France, dans le sens des institutions monarchiques représentatives et d'une confédération entre les divers Etats de la Péninsule.

Ainsi conçue et conduite dans ce but, la guerre d'Italie était à la fois conforme à l'intérêt français et à l'intérêt italien. Il faut convenir cependant qu'elle n'était pas indispensable, et qu'elle prêtait à des objections, dont la principale était qu'une fois le drapeau français déployé en Italie, et l'impulsion donnée aux idées qui fermentaient dans bien des têtes italiennes, il deviendrait peut-être malaisé de contenir le mouvement italien dans de justes bornes et de mettre un frein à l'ambition connue de la maison de Savoie.

Mais, d'ailleurs, ce n'était point là le compte des hommes avec lesquels l'empereur Napoléon III traitait du sort de l'Italie, et du principal d'entre eux, le comte de Cavour. Ce qu'il leur fallait, c'était de mettre l'épée de la France d'abord, et ensuite le poids de son autorité morale, au service de l'unité italienne, idée non moins hostile aux gouvernements italiens qu'à l'Autriche elle-même. Ils y réussirent, à en juger du moins par les faits, car il serait trop difficile de savoir ce qui se passa dans les pourparlers de Plombières entre l'empereur et M. de Cavour. L'intérêt français ne fut visé et touché qu'en un point dans le projet de cette entreprise tout italienne. Ce point, ce fut la promesse de cession de la Savoie à la France dans le cas où les acquisitions de territoire faites par le roi Victor-Emmanuel porteraient la population de ses Etats au nombre de dix millions d'âmes ; ce qui serait arrivé, je crois, si l'Autriche ayant été refoulée *jusqu'à l'Adriatique,* comme le voulait l'empereur Napoléon dans sa proclamation de

début, le pays lombard-vénitien tout entier eût
été cédé par elle (1).

Il n'en fut pas ainsi; la guerre fut courte, et
après des succès rapides, l'empereur s'arrêta par
prudence et pour des motifs divers, dont le premier était sans doute l'attitude de l'Allemagne,
qui armait pour défendre, disait-elle, la ligne de
l'Adige. La paix de Villafranca fut conclue sur la
base de la cession de la Lombardie, du rétablissement ou du maintien des gouvernements italiens,
s'il était possible, par l'influence morale de la
France et à l'exclusion de toute intervention armée. Cette stipulation toutefois ne fut faite for-
mellement qu'en faveur des ducs de Toscane et
de Modène, parents de l'empereur d'Autriche; la
duchesse de Parme n'y fut pas comprise, et l'Autriche montra contre elle un mauvais vouloir qui
s'explique peut-être par l'indépendance de conduite que cette princesse avait montrée dans l'administration du duché.

Mais c'était une illusion d'imaginer que l'influence et les conseils de la France suffiraient pour

(1) N'ayant pas sous la main une statistique du royaume lombard-vénitien en 1860, je n'ose affirmer le fait avec une entière
certitude ; mais il est au moins très probable.

déterminer les Toscans ou les Modénois à repren-
dre ou à garder des souverains qui déplaisaient
par leur origine étrangère et par leurs tendances
politiques, et qui, d'ailleurs, étaient minés et
sapés à ciel ouvert par les menées actives et in-
cessantes des agents piémontais. De l'influence
de l'empereur Napoléon sur l'Italie, il n'était
plus question du jour de la conclusion de la
paix de Villafranca, qui avait trompé une partie des espérances, déraisonnables ou non, des
patriotes italiens. La reconnaissance est encore
plus rare chez les peuples que chez les individus, et les hommes oublient aisément les
plus éminents services et les plus récents, lorsqu'on laisse quelque chose à souhaiter à leurs
passions. L'ingratitude de l'Italie fut immédiate
et cynique.

Il est temps de dire un mot d'une clause importante des préliminaires de paix de Villafranca. On
y avait posé le principe, ou déclaré le projet, d'une
confédération entre les princes italiens sous la
présidence au moins honoraire du Pape, institution excellente en elle-même, qui aurait fait naître
l'Italie à la vie politique sans renverser les trônes
et sans jeter dans le monde les ferments de discorde et de trouble que la politique unitaire y a

semés depuis. Toutefois, on ne peut se dissimuler que la fondation de cette institution se heurtait à de véritables difficultés. L'Autriche avait place de droit dans la confédération, comme possédant la Vénétie; les archiducs régnant à Florence et à Modène y auraient eu place au même titre, et dès lors on peut douter, sans même être imbu des préventions de l'esprit italien, qu'il fût possible de faire marcher le conseil de la confédération, composé de la sorte, dans le sens que l'Italie avait droit de l'entendre et de le vouloir. Le Pape, de son côté, ne parut guère se soucier ni de la confédération ni de la présidence qui lui avait été dévolue. A Naples, enfin, on témoignait la plus grande froideur pour le projet de confédération, et j'ai entendu des agents diplomatiques napolitains le railler agréablement. C'était une faute, car l'exécution des projets formés à Villafranca était la seule chance qui restât d'arrêter le mouvement unitaire et piémontais qui devait emporter les trônes en Italie, ne laissant à la papauté qu'une existence précaire.

Cette chance fut négligée, et dès lors l'empereur reprit ouvertement la politique qu'il avait paru abandonner un moment; il se décida à seconder le mouvement italien, peut-être dans l'espoir de le régler. Espoir désormais chimérique. La fameuse brochure publiée à Paris en décembre 1859, *Le Pape et le Congrès*, fit échouer le projet de congrès formé en vue du règlement des affaires de l'Italie sur les bases posées à Villafranca. Ce fut le signal pour les unitaires italiens, qui d'ailleurs n'avaient pas perdu un moment pour battre en brèche les stipulations de Villafranca. Sûrs de l'impunité à la faveur du principe de non-intervention proclamé par l'empereur, et qui ne signifiait autre chose que la faculté garantie au Piémont et à M. de Cavour, d'intervenir partout en Italie sans rencontrer aucune opposition du dehors, ils poussèrent activement leurs avantages par tous les moyens qui ont une action déterminante sur les hommes, en Italie particulièrement : l'intrigue, l'intimidation, l'argent, sans parler du fantôme grandiose de l'unité italienne qu'on fit briller au devant des imaginations ardentes. L'archiduc Léopold n'avait pu rentrer à Florence, et un plébiscite plus ou moins sincère, mais dans tous les cas rendu en présence des troupes piémontaises, avait déclaré sa déchéance et la réunion de la Toscane au Piémont. Dans les Etats de l'Eglise, ce furent les Romagnols, croyons-nous, qui suivirent les premiers cet exemple, lequel devait être imité ensuite par l'Italie presque entière [1].

Au printemps de 1860, Garibaldi préparait, de connivence avec M. de Cavour, l'invasion de la Sicile, où la corruption semée dans la marine et dans l'armée napolitaine lui avait frayé la voie. Il y a quelques motifs de croire que le gouvernement impérial n'approuvait pas cette entreprise. Ce qui est certain, du moins, c'est qu'après la facile conquête de la Sicile et alors que Garibaldi se disposait à passer sur le continent pour y détrôner le roi de Naples, des démarches diplomatiques furent faites par la France auprès de l'Angleterre en vue d'empêcher l'irruption de Garibaldi sur le continent napolitain et de sauver, s'il était possible, le roi de Naples, qui venait de donner à ses sujets une constitution analogue à celle du royaume de Sardaigne. Mais l'Angleterre, qui avait conçu pour les Bourbons de Naples une aversion dont il est difficile d'apprécier le motif, et dont les vaisseaux avaient protégé d'une manière à peine dissimulée le débarquement de Garibaldi sur la

(1) Comme il n'entre pas dans mon sujet de faire une monographie du mouvement italien et des événements qu'il a produits, de la fin de 1859 à 1860, je n'indique que les principaux, d'après leur ordre, mais sans m'obliger à donner les dates précises, qui n'ont aucune importance.

côte de Sicile, se refusa nettement à toute démarche de ce genre, et, caressant les passions des
Italiens après le succès d'autant plus qu'elle les
avait maltraitées auparavant, elle affectait d'accuser l'attitude et les mouvements de la flotte
française, qui protégea pendant quelque temps le
roi de Naples contre la flotte italienne en interdi-
sant à celle-ci l'approche de la côte et de la ville
de Gaëte.

Enfin, Napoléon III prit son parti d'abandonner
le roi de Naples à son sort et rappela la flotte.
Cela se passait au commencement de l'hiver de
1860-61.

Mais dans l'intervalle, c'est-à-dire en septembre
de la même année, un fait plus grave encore, en
ce qu'il affectait un souverain dont la cause est
celle du monde catholique tout entier, s'était ac-
compli avec la permission de l'empereur des Français. A la suite d'une entrevue à Chambéry, entre
Napoléon III et l'un des personnages les plus
avancés dans les hautes œuvres de la politique
italienne, entrevue dont il est resté ces mots si-
gnificatifs : *Fate, mà fate presto,* l'Emilie et l'Om-
brie, et toutes les provinces connues sous le nom
de Légations, à l'exception seulement de la Co-
marque de Rome, avaient été envahies par l'armée

italienne après une sommation dérisoire, et annexées au royaume de Victor-Emmanuel par le procédé connu du plébiscite.

Tant et de si rapides succès n'avaient pas encore assouvi la passion des unitaires italiens; il leur fallait la Vénétie, que détenait l'Autriche; il leur fallait Rome pour capitale; et un vote audacieux du parlement de Turin revendiqua la ville éternelle comme appartenant de droit au roi d'Italie, substitué de la sorte au monde catholique. Très peu de temps après, au printemps de 1861, M. de Cavour mourut à propos pour sa gloire, si gloire il y a, léguant à ses successeurs plus d'un embarras que toute son habileté n'eût pas conjurés.

A dater de ce moment, la politique de Napoléon III à l'égard de l'Italie et de l'Autriche, et surtout de la papauté, paraît hésitante; on laisse dormir la question de la Vénétie. Tantôt on paraît incliné à abandonner Rome et le pape aux appétits de l'Italie, comme de 1860 à 1862; tantôt on donne des démentis, au moins spécieux et indirects, à cette politique, et on finit par mécontenter tout le monde par une attitude équivoque. C'est dans cette situation qu'on arrive à la grande crise qui éclate en Allemagne en 1866, crise que Napoléon III avait préparée autant qu'il dépendait de lui, sans s'y préparer lui-même, puisqu'elle le trouva au dépourvu.

Après avoir ainsi esquissé à grands traits le caractère et les suites de la guerre de l'Italie, telle que Napoléon III l'a voulue et l'a faite, voyons quelle part cette guerre et ses conséquences ont eue dans la situation actuelle de l'Europe et dans les malheurs de la France. M. Thiers a dit que l'unité de l'Italie contenait celle de l'Allemagne. —Oui, dans son germe, germe dangereux, qu'on aurait pu étouffer cependant si on s'y fût appliqué avec clairvoyance et fermeté, mais qu'on s'est appliqué au contraire à faire éclore. On peut aisément porter un jugement définitif sur une politique lorsqu'elle a produit ses conséquences dernières, et ce moment fatal pour la France est venu.

1º Le premier vice de la conduite tenue en Italie a été l'exemple de la duplicité et de la violence couronnées par des succès inouïs sous le patronage de la France, en sorte qu'on a pu douter qu'il restât encore un droit public en Europe et une garantie pour les faibles.

2º La ressemblance entre les positions respectives de l'Autriche et du Piémont en Italie, et de l'Autriche et de la Prusse en Allemagne, était visible, toutes proportions gardées. La Prusse ambitieuse, et qui se prétendait à tort ou à raison libérale, n'était pas contente de la position que les institutions de la confédération germanique lui faisaient en Allemagne, où le crédit de l'Autriche auprès de la plupart des cours et à la diète lui assurait la prépondérance. Il était à craindre que la fortune incroyable du Piémont, son exemple, et jusqu'à un certain point ses procédés, ne tentassent l'ambition de la Prusse, et qu'il ne se trouvât chez elle un homme d'Etat capable de la conduire à des destinées pareilles, qui ne pouvaient s'accomplir qu'à notre détriment. Cet homme s'est trouvé.

3° Autre défaut de la guerre d'Italie. Elle nous engageait, ne fût-ce qu'à raison de la Vénétie, que Napoléon III avait promise dès 1859 à l'Italie, sans pouvoir la lui donner encore, dans un antagonisme avec l'Autriche qui dépassait de tout point la mesure de nos intérêts, et qui n'était qu'un intérêt italien ou plutôt piémontais. Cet antagonisme devait nous conduire, comme on l'a vu en 1866, à cette haute imprudence de mettre la main de l'Italie dans celle de la Prusse, afin de forcer l'Autriche à céder la Vénétie.

4° Notre condescendance téméraire pour les

passions de l'Italie a eu la plus grande part à l'invention de cette doctrine vague, peu applicable dans les faits et dangereuse à nous-mêmes, qu'on a appelée tantôt *les droits politiques des nationalités*, tantôt *celui des races*, deux choses contradictoires, car c'est par la fusion de races ou de portions de races distinctes, et souvent fort différentes, que les nations puissantes se sont formées. Il est certain que s'il y a un peuple en Europe qui dût craindre la propagation et l'application d'une telle doctrine politique, c'est la France, dont la nationalité est puissante par des causes tout autres que le nombre et la force d'expansion, dons qu'elle ne possède que dans une mesure fort médiocre par comparaison avec l'Allemagne et avec la race anglo-saxonne. Ainsi, pour soutenir une politique peu conforme à l'intérêt français, on mettait au jour une doctrine dont la France ne peut que redouter le succès et l'application dans le monde, doctrine qui met en jeu l'existence des Etats de second ordre, dont la France a besoin et qui ont besoin d'elle. On va le voir à propos du Danemarck, qui a été la première victime de cette étrange doctrine appliquée à tort et à travers à la question des duchés allemands qui faisaient partie intégrante de la monarchie danoise.

II.

Dans l'examen des fautes qui ont conduit l'empire à sa ruine par les relations extérieures je suis l'ordre chronologique, qui est le plus naturel et le plus propre à faire voir, et l'enchaînement de ses fautes entre elles, et leur liaison à une erreur première, qui fut la conduite tenue envers l'Italie, et envers l'Autriche à cause de l'Italie.

Ce fut le besoin de contraindre l'Autriche à la cession de la Vénétie à l'Italie qui inspira, selon toutes les apparences, à Napoléon III la première pensée de ses avances à l'Allemagne, à la Prusse spécialement, et, d'une manière plus générale, à l'esprit teutonique, dont la doctrine nouvelle sur les nationalités caressait l'ambition. Le Danemarck fit les frais de ces avances, dans lesquelles entrait sans doute aussi la pensée de faire acheter ultérieurement à l'Allemagne notre concours politique, peut-être même, le cas échéant, notre assistance militaire par des avantages concédés à la France, et, tranchons le mot, par une cession territoriale sur nos frontières. Erreur capitale, et qui supposait une grande ignorance des dispositions réelles des cabinets allemands et de l'esprit public en Allemagne. Ces dispositions étaient telles, que toute liaison un peu étroite avec la France, pouvant avoir pour conséquence une cession, même éventuelle, d'une portion quelconque du territoire allemand, aurait compromis sans retour celui des Etats de la Confédération germanique qui s'y serait risqué. Voilà ce que savait le dernier venu de nos secrétaires de légation auprès des cours allemandes; voilà ce qu'on ignorait à Paris, dans le cabinet de l'empereur du moins, puisque l'empereur a agi comme si on l'ignorait.

Quoi qu'il en soit, Napoléon III vint à Bade, en septembre 1861, et s'y rencontra avec plusieurs des souverains de la Confédération germanique, avec lesquels il échangea des témoignages de courtoisie; il est permis de douter que ces démonstrations allassent jusqu'à la cordialité. Il s'était fait précéder par une démarche diplomatique de nature à être agréable à ces souverains, mais qui était une première et grave faute de conduite. Cette démarche consistait à déclarer caduque la convention signée à Londres le 8 mai 1852, pour régler la succession au trône de Danemarck, par ce motif que les Etats de la Confédération germanique n'y avaient pas adhéré, bien que l'Autriche et même la Prusse y eussent adhéré.

Il est temps d'expliquer en peu de mots, et en se bornant au nécessaire, ce qu'était la question de la succession danoise, dans ses rapports avec l'intérêt général de l'Europe d'une part, et avec les intérêts et les passions de l'Allemagne d'autre part. L'intérêt général et l'intérêt français, c'était que la monarchie danoise demeurât intacte, et que les importantes positions maritimes dont elle disposait sur les deux mers restassent dans ses mains, où elles étaient à la fois inoffensives et nécessaires à sa sûreté. Les passions de l'Allemagne tendaient, au contraire, à dissoudre moralement la monarchie danoise, en attendant l'occasion de l'entamer matériellement. Elles étaient secondées dans cette entreprise par deux ou trois circonstances défavorables au Danemarck. La première, c'est que le roi de Danemarck étant,

comme duc de Holstein et Lauenbourg, membre
de la Confédération germanique, était exposé,
à ce titre, à l'ingérence de la diète de Francfort
dans ses relations avec les sujets de ces deux duchés, et, par suite, à une ingérence effective,
quoique indirecte, de cette même diète et surtout
du parti ultra-germanique, dans les affaires du
Schleswig, où elle n'avait aucun droit, mais où
l'existence d'une population allemande animée
du même esprit que celle du Holstein donnait
prise à la propagande teutonique. L'esprit danois
et l'esprit teutonique diffèrent l'un de l'autre ; le
premier incline aux mœurs et aux institutions
démocratiques, sans être cependant anti-monar-
chique ; le second s'attache, au contraire, à des
institutions aristocratiques issues du moyen âge,
peu modifiées par le temps, et dont la principale consiste en un ordre équestre pourvu de
certaines prérogatives peu compatibles avec le
génie actuel du peuple danois et du gouvernement
de Copenhague. Faire vivre ensemble, sous une
constitution commune, deux peuples différents
par le génie et par la langue, sans rien sacrifier
de l'un à l'autre, était chose difficile, d'autant
plus que l'un de ces deux peuples était, dans le
Holstein, soumis à une institution entièrement

germanique, la diète de Francfort. Dès 1846, le roi de Danemarck avait été, à raison d'une patente constitutionnelle publiée par lui pour les diverses parties du royaume, accusé d'empiétement sur les droits de ses sujets allemands des duchés, qui avaient porté leur cause devant la diète. Les événements de 1848 étant survenus, l'Allemagne avait cherché à résoudre la question par les armes dans le sens du parti allemand, et, à la faveur du désordre qui régnait alors, les gouvernements avaient laissé faire la guerre au Danemarck avec des troupes allemandes, sans la faire eux-mêmes. Mais les Danois avaient heureusement résisté à cette invasion, et la question militaire était résolue en leur faveur, dans l'été de 1850, bien que le territoire du Holstein fût resté occupé par des troupes allemandes.

Toutefois, la question politique subsistait et pouvait renaître plus dangereuse à l'occasion de l'extinction prévue de la maison royale d'Oldenbourg, régnante à Copenhague dans la personne de Frédéric VII, qui n'avait pas d'enfant. La loi de succession n'étant pas la même dans toutes les parties du royaume, cette extinction aurait pu donner lieu à une dissolution de la monarchie danoise. C'est à prévenir cet événement qu'avaient visé les grandes puissances de l'Europe réunies en conférence, au printemps de 1852, à Londres, où elles avaient signé une convention par laquelle, moyennant certains engagements pris par le Danemarck, et dont le principal était de faire au duché de Schleswig une position particulière dans la monarchie, sans jamais chercher à l'y incorporer, elles avaient reconnu le prince Christian de Glücksbourg pour le seul héritier du roi Frédéric VII. C'est cet acte de prévoyance et de sagesse que Napoléon III sacrifiait à ses desseins de rapprochement et d'accord avec l'Allemagne [1], sacrifice qui semblait d'autant plus significatif que l'échéance de la convention du 8 mai 1852 approchait avec la fin de la vie du roi Frédéric VII de Danemarck.

Cette convention, toutefois, s'exécuta sans peine en ce qui touchait la succession. Le roi mourut vers la fin de 1863, et le prince Christian fut reconnu pour roi de toutes les parties de la monarchie. Mais les difficultés relatives à la position

[1] Si ce sacrifice fut fait avant l'entrevue de Bade, en septembre 1861, comme je le crois et comme je l'ai dit plus haut, ou s'il fut fait quelque temps après, peu importe, la priorité n'a aucune importance ; c'est l'esprit qui inspira cet acte qui est tout.

constitutionnelle des duchés au sein de la monarchie n'étaient pas résolues ; elles s'aggravaient,
au contraire, de ce fait que les sujets allemands
du roi de Danemarck devenaient de plus en plus
exigeants à mesure qu'ils se sentaient plus sûrs
de l'appui des gouvernements allemands encou-
ragés par la France, et de la diète elle-même, de
manière que le roi se trouvait, à son avènement,
non plus seulement en présence d'un parti dans
ses propres Etats, mais en présence de l'Allemagne même, sans excepter l'Autriche, qui avait
jugé à propos de faire cause commune, cette
fois, avec les passions teutoniques. En cette con-
joncture critique, le parti danois, qui était le
maître à Copenhague et en mesure d'imposer sa
volonté au roi, manqua de prudence et exigea
la promulgation immédiate de la constitution
commune à toute la monarchie, qui venait d'être
préparée sous le dernier règne. Cette constitution
ne donnait pas satisfaction aux prétentions de l'Allemagne, et la promulgation qui en était faite par
un roi nouveau, Allemand par ses sentiments, dès
les premiers jours de son règne, ressemblait à un
défi téméraire jeté à l'Allemagne. Ce défi fut
promptement relevé, en effet ; et, dès la fin de
1863, au milieu de l'hiver, l'exécution fédérale

décrétée le 7 décembre par la diète de Francfort
était accomplie dans le duché de Holstein par des
troupes saxonnes et hanovriennes, remplacées
quelques semaines après par les troupes de la
Prusse et de l'Autriche, qui, d'accord cette fois,
voulaient soustraire la question qui se débattait
aux mains des gouvernements de second ordre, et
aux influences révolutionnaires qui la compli-
quaient.

Le Danemarck, sur les pressantes instances de
la Russie et de l'Angleterre, renonça à toute résistance sur le territoire du Holstein et se retira sur
la frontière du Schleswig, derrière le Danewirke,
sorte de boulevard naturel auquel on avait ajouté
quelques fortifications. Heureux s'il avait pu ga-
gner, par cet acte de condescendance, l'appui effectif de l'Angleterre, dont tout le zèle s'était
épuisé en conseils, et en démarches insuffisantes
pour protéger la monarchie danoise contre des
adversaires résolus à ne pas s'arrêter pour si peu.
Il y a tout lieu de croire qu'en effet la Russie et
l'Angleterre elle-même ne demandaient pas mieux
que d'entreprendre quelque chose de plus efficace en faveur du Danemarck; mais elles furent
arrêtées par l'attitude de la France, qui donnait à
penser que Napoléon III était d'accord avec l'Al-

lemagne, et par la difficulté d'agir à l'encontre d'un semblable accord sans courir quelque risque, dont on ne voulait pas à Londres.

Le Schleswig fut donc envahi au printemps de 1864, après le Holstein, par les troupes austro-prussiennes, et conquis malgré la résistance honorable de la petite armée danoise. Le Danemarck subit la loi du vainqueur, et la population danoise du duché conquis se trouva livrée à la merci de l'Allemagne bien plus que ne l'avait été la population allemande à la discrétion du Danemarck. L'Autriche et la Prusse, par la convention de Gastein, conclue à la fin de l'été, firent entre elles un partage provisoire des dépouilles du vaincu, l'Autriche devant occuper et administrer le Holstein, tandis que la Prusse gardait et administrait le Schleswig. Mais la bonne intelligence ne devait pas durer longtemps entre les deux puissances rivales, et l'intérêt qu'elles avaient dans la conquête faite en commun était trop inégal et d'une nature trop différente pour ne pas laisser place à de promptes divisions. Ces divisions se produisirent dès le commencement de l'année 1865, mais restèrent d'abord à l'état latent, jusqu'à ce que la Prusse, de plus en plus enhardie par la tolérance ou plutôt par la faveur de Napoléon III [1], qui semblait attiser la discorde, ne connut plus de mesure et afficha, par ses procédés dans le Schleswig, des prétentions tellement dominatrices, qu'elles durent être condamnées par la diète, comme elles le furent en effet, sur la demande de l'Autriche, par la résolution de juin 1866; d'où la guerre qui a donné décidément à la Prusse la prépondérance et banni l'Autriche de l'Allemagne.

Sur cet exposé, que j'aurais voulu pouvoir abréger encore, on peut juger des vices de la politique suivie par Napoléon III entre l'Allemagne et le Danemarck. Elle a eu pour conséquence, 1° la ruine à peu près consommée de la monarchie danoise, que la France avait tout intérêt à protéger, qu'elle eût pu protéger aisément, d'accord avec l'Angleterre et la Russie, sans rien risquer, et même sans offenser ce qu'il pouvait y avoir de raisonnable dans les prétentions de l'Allemagne relativement à l'administration du Holstein (non pas du Schleswig, où l'Allemagne n'avait rien à voir); 2° un essor dangereux donné à l'ambition de la Prusse,

(1) C'était le temps des entrevues entre l'empereur et M. de Bismark, des pourparlers de Biarritz, en août ou septembre 1865, où se préparaient les éléments de la ruine de l'empire et de la diminution de la France.

qui s'est emparée de positions maritimes importantes, surtout de la magnifique rade de Kiel, laquelle appartenait pacifiquement à toutes les ma-
rines du monde tant qu'elle est restée dans les
mains inoffensives du Danemarck, tandis qu'elle
est devenue une forteresse dans les mains de la
Prusse ; 3° une inconséquence flagrante et in-
juste entre les prémisses et l'application de la
bruyante doctrine sur les droits des nationalités.
Si, en effet, cette doctrine peut avoir un sens
raisonnable , elle signifie que les nationalités
faibles ont droit à être protégées contre une ab-
sorption- tentée par d'autres plus puissantes, et
dont l'ambition est à la fois redoutable pour
elles et pour le monde entier. Or, dans cette
question épineuse qui s'était élevée entre le Danemarck et l'Allemagne, la France a prêté la main
à ce qu'une nationalité faible fût livrée, dans le
Schleswig, à la merci d'une autre plus forte. C'est
en vain qu'on a essayé, en 1866, de revenir sur
cette injustice dans un article du traité de Prague
stipulé par la France. Il était trop tard, et l'article
est demeuré sans exécution.

III.

L'ALLIANCE RUSSE ABANDONNÉE SANS COMPENSATION.
RUINE DÉFINITIVE DE LA POLOGNE.

Aucune puissance ne peut se passer d'alliances, si elle veut exercer une action, non pas prépondérante et décisive, mais seulement positive et continue sur les affaires de l'Europe. La bonne politique suivie par l'empereur de 1853 à 1856 et le succès de nos armes en Orient avaient donné au second empire l'alliance intime de l'Angleterre et l'alliance conditionnelle de l'Autriche, qui aurait pu devenir plus étroite et plus solide si Napoléon III n'avait nourri des desseins sur l'Italie, incompatibles avec cette alliance, et qui commencèrent à se faire jour au congrès même de Paris dans une des dernières séances. Le plus sage parti eût été de s'en tenir à cette situation élevée et sûre qui était le fruit de la guerre d'Orient, et, sans témoigner ni rancune ni hostilité opiniâtre à la Russie, de ne point rechercher de liaisons trop étroites avec cette puissance. Ce n'est pas que l'alliance russe n'ait ses avantages, qui résultent surtout de ce fait que la Russie n'a aucun intérêt contraire au nôtre, la question d'Orient étant une fois réglée comme elle venait de l'être par le traité du 30 mars 1856, et ne s'est jamais montrée envieuse de la grandeur de la France. L'empereur Alexandre Ier s'opposa même, en 1815, à ce que la France fût démantelée et affaiblie.

Quoi qu'il en soit, l'Angleterre n'ayant témoigné aucune envie de s'engager à aucun degré dans l'entreprise que méditaient l'empereur et M. de Cavour en Italie contre l'Autriche, Napoléon III, qui avait toujours eu du goût pour l'alliance russe, et à qui la Russie avait prodigué les avances à la fin de la guerre d'Orient et depuis, entra dans cette alliance. Elle a réellement existé entre les deux puissances pendant cinq ou six ans, et a seule permis à l'empereur d'entreprendre la guerre d'Italie et d'en poursuivre les conséquences que j'ai appréciées. A défaut de cette alliance, l'Angleterre étant très refroidie, et la Prusse ayant toujours manifesté l'intention *de défendre*

*le Rhin sur le Mincio ou tout au moins sur
l'Adige,* comme on disait en Allemagne, c'est-à-
dire d'assister l'Autriche menacée d'être expulsée
de l'Italie, la guerre que méditait l'empereur de
concert avec M. de Cavour et avec la maison de
Savoie pouvait susciter une coalition contre la
France. L'alliance russe rendait à l'empereur le
service de couper court à cette éventualité de
coalition. Fatal service, à mon avis, puisqu'il a
facilité une entreprise dont les suites sont liées
aux désastres actuels de la France, mais service qui devait lui rendre chère l'alliance russe
et l'engager à ne pas la compromettre sans néces-
sité et surtout sans compensation.

Voici comment, et à quel sujet, cette alliance
fut pourtant compromise. Vers la fin de 1860, à
la suite des événements d'Italie et des proclama-
tions retentissantes qui semblaient s'adresser de
fait à toutes *les nationalités* opprimées pour
leur prêter aide et assistance, les premiers symp-
tômes d'une agitation politique qui devait finir
par l'insurrection, se manifestèrent en Pologne,
au grand et naturel déplaisir du gouvernement
russe. Celui-ci demanda au gouvernement français de décourager cette agitation, à laquelle sa
politique avait peut-être contribué sans des-

sein, par une déclaration publique qui enlevât aux Polonais l'espoir d'être assistés par la France.

Cette déclaration parut, en effet, au *Moniteur* dans l'hiver de 1860-61 ; il y était dit en substance, et sans affirmer trop positivement ni nier les griefs des Polonais contre le gouvernement russe, que la Pologne ferait bien de se confier, pour l'amélioration de sa position, dans les intentions équitables et bienveillantes de l'empereur Alexandre II. Mais l'agitation en Pologne ne s'arrêta point ; elle alla en grandissant et donna lieu à des mesures de répression rigoureuses de la part de la Russie, qui ne firent qu'exaspérer les Polonais. Une partie de la presse française, révolutionnaire ou quasi révolutionnaire, prit hautement parti pour eux, et, échauffant aisément l'opinion populaire, poussa ouvertement le gouvernement impérial à intervenir en leur faveur.

Ici, il ne faut pas oublier que le régime sous lequel vivait alors la presse en France rendait jusqu'à un certain point le gouvernement responsable de ces témérités, puisqu'il disposait, par le droit d'avertissement et de suppression, d'un moyen facile de la contenir dans des bornes dont lui seul restait juge. Ce fait, très connu de la diplomatie russe, était bien propre à lui inspirer quelque défiance des intentions du gouvernement français au sujet de la Pologne.

Cependant, jusqu'à la fin de 1862, aucun acte diplomatique connu n'avait compromis le gouvernement impérial dans une intervention en faveur des Polonais. Mais alors M. Drouyn de Lhuys, redevenu ministre des affaires étrangères après la retraite de M. Thouvenel, en octobre 1862, jugea à propos, pour faire diversion aux affaires d'Italie et à la situation du pape, qui préoccupait vivement et divisait les esprits, d'entreprendre une campagne diplomatique au bénéfice de la Pologne. Profitant des dispositions assez sympathiques aux Polonais qui régnaient alors dans les classes populaires en Angleterre, il réussit à attirer lord John Russell et le cabinet anglais d'abord, puis le cabinet autrichien lui-même, dans l'exécution de ce dessein, et noua avec eux une action commune sur le cabinet de Saint-Pétersbourg, qui fut invité par une note identique à placer la Pologne *dans les conditions d'une paix durable.* Tels furent les termes de la formule adoptée en commun par les trois cabinets. Plus tard, amené par les circonstances de la négociation à s'expliquer quant à la nature de ces conditions de paix durable, le

ministre des affaires étrangères de France donnait
. à entendre, sans faire cependant aucune revendi-
cation formelle, que la reconstitution du royaume
de Pologne avec les anciennes provinces qu'il pos-
sédait encore au commencement du xviiie siècle,
était nécessaire au repos de la Pologne et de l'empire russe lui-même. On ne peut se dissimuler
que la portée de cette demande ou de cette indi-
cation était considérable et bien propre à faire
réfléchir le gouvernement russe, quand même il
eût été disposé à la condescendance.

Que si l'on veut apprécier les chances de succès
de l'entreprise dont le but vient d'être défini par
les termes mêmes choisis par ses auteurs, on est
obligé de se demander s'il était vraisemblable
qu'un gouvernement puissant, surtout quand il
reste sur la défensive et dans ses frontières, con-
sentît à transiger avec les cabinets étrangers sur
le sort d'une population insurgée de cœur et de
fait, qu'il considérait à tort ou à raison comme
rebelle, et dont les exigences, fondées ou non,
croissaient en raison même de l'appui qu'elles re-
cevaient du dehors. Personne ne le croira. On est
donc amené à supposer que la pensée de contraindre la Russie par les armes au rétablissement de
la Pologne était au fond de la négociation dont

la France prit l'initiative à la fin de 1862 ou au commencement de 1863. Grande entreprise et pleine de hasards ! Mais en admettant, ce que l'on peut admettre, qu'elle ne fût pas au-dessus des forces réunies de la France, de l'Autriche et de l'Angleterre, il faut reconnaître que la condition nécessaire non pas d'un succès assuré, mais d'un succès seulement éventuel et probable, était une union étroite, pour la guerre comme pour la né-gociation, entre les trois puissances. Or, on sait quelle est la répugnance de l'Angleterre à inter-venir par les armes dans les affaires du continent, répugnance qui est telle aujourd'hui qu'on peut la regarder comme un parti pris de laisser faire et de laisser passer. Ce sentiment, d'ailleurs an-cien, n'était pas encore aussi dominant en 1863 qu'il l'est aujourd'hui, mais il avait déjà fait de grands progrès.

Quant à l'Autriche, qui aurait eu à soutenir, en sa qualité de limitrophe, le plus rude poids de la guerre faite à la Russie, on pouvait, il est vrai, on devait même faire briller à ses yeux, comme prix de la victoire, des avantages importants se résumant dans l'acquisition de la couronne de Pologne pour un des archiducs et la réparation de l'échec reçu en Italie, etc. J'ignore ce qui a été dit, proposé ou promis alors entre les deux cabinets de Paris et de Vienne. Mais il est de fait que cet accord étroit en vue de pousser à fond l'affaire de Pologne ne fut pas réalisé entre les trois cabinets intervenants, et que le chancelier de l'empire russe, prince Gortschakoff, après avoir d'abord subi l'intervention sans trop mauvaise grâce et temporisé habilement jusqu'à ce que les armées russes eussent pris leurs avantages contre l'insurrection polonaise, finit par signifier en termes hautains leur congé aux intervenants, qui durent se le tenir pour dit. L'insurrection de Pologne fut noyée dans le sang ; le nom de la Pologne, qui jusque-là existait encore, fut rayé par la Russie du livre des nations, et il fut déclaré qu'il fallait « que les Polonais devinssent des Russes. »

Tel fut le résultat de cette négociation, que je n'appellerai pas infructueuse, car elle a porté des fruits très amers. Elle nous a aliéné la Russie, ou du moins l'a rendue froide et défiante, ce qui est à peu près équivalent, et a consommé la ruine définitive de la Pologne, qui n'eût pas été complète et sanglante à ce point si une intervention impolitique n'eût pas fourni un encouragement et des aliments à l'insurrection. Plût à Dieu du moins qu'à ce prix, le second empire eût réussi

à renouer avec l'Autriche et l'Angleterre des relations telles, et meilleures encore, qu'elles avaient
existé pour le besoin de la guerre d'Orient ! Nous
aurions retrouvé l'équivalent de ce que nous per-
dions, peut-être mieux. Mais il ne paraît pas
qu'on y ait songé. Ne fallait-il pas bien que l'Italie
fût satisfaite aux dépens de l'Autriche, et obtînt
la Vénétie qu'elle n'avait pas encore, en attendant
Rome, objet ardent de ses convoitises impies ?

Que fit donc Napoléon III, une fois compromis
avec la Russie pour la Pologne, compromis avec
l'Autriche pour l'Italie, compromis avec le monde
catholique tout entier pour la cause de la papauté ? Il jugea qu'il n'y avait rien de mieux à faire
que de se compromettre avec la Prusse dans une
négociation qui renfermait tous les périls à la fois.
Je vais les passer rapidement en revue.

Le premier qui me frappe, c'est l'inégalité de
force des deux jouteurs engagés dans cette lutte,
d'autant plus dangereuse pour le plus faible qu'elle
était sans témoin. Je puis bien l'appeler une lutte,
puisqu'il est vrai, comme on l'a dit, que la diplomatie, c'est la guerre sans les coups de fusil.
Or, quelque opinion qu'on ait des facultés intel-
lectuelles de l'empereur Napoléon III, il est un
fait dont il faut convenir, c'est le déclin visible

de ces facultés dans les dernières années, déclin qui s'est manifesté de plus d'une manière et qui était un sujet d'inquiétude pour les amis, de risée pour les adversaires. S'il fallait absolument rapporter ce phénomène à une date certaine, je ne dis pas à une cause déterminée, je le rapporterais au temps de la mort de M. de Morny, qui eut lieu en mars 1864, et à l'apparition de l'étrange préface de la Vie de Jules César, document plein d'embarras pour les écrivains officieux qui avaient charge de louer l'auteur et l'ouvrage. C'est cet esprit tombé au-dessous de lui-même qui allait se trouver seul à seul avec l'homme qui attire depuis cinq ou six ans les regards de l'Europe entière, et qui a fondé la grandeur de sa patrie sur la ruine politique de l'Autriche et sur l'abaissement, peut-être irréparable, de la France. Esprit à la fois délié et ferme, hardi et sur ses gardes, assez ouvert pour faire croire à sa sincérité, exempt d'indécision surtout.

Le second péril de la négociation que j'apprécie, c'était son objet même, qui était bien évidemment un complot contre divers Etats, contre l'Autriche et ses clients dans la Confédération germanique, et peut-être, au moins éventuellement, contre la Belgique et la Hollande. Le projet fameux, laissé si mal à propos par l'ambassadeur de France à Berlin entre les mains de M. de Bismark, et la circulaire du 29 juillet 1870 aux puissances neutres, signée du chancelier de la Confédération du Nord, ne permettent guère de doute sur ce point, pour les personnes douées d'une critique attentive et qui savent démêler la part de vrai et de faux dans un document justificatif. La confiance même, ou si l'on veut l'insouciance, avec laquelle M. Benedetti consentit à laisser à M. de Bismark un projet compromettant écrit de sa main, est un indice pour tout esprit vraiment judicieux que ce projet n'était pas son œuvre à lui seul, ou l'œuvre de son cabinet ; car on se garde un peu mieux contre les gens quand ils ne trempent à aucun degré dans nos desseins, et qu'on n'a aucune prise sur eux.

Qui donc croira, comme M. de Bismark s'efforce de le faire croire dans sa circulaire précitée, que la Prusse ait été pendant plusieurs années en butte aux tentations et aux offres réitérées de la France, sans jamais rien lui offrir elle-même? Est-ce qu'elle n'avait rien à attendre de nous, est-ce que la guerre de 1866 était possible, est-ce que les desseins de M. de Bismark contre l'Autriche pouvaient recevoir aucune exécution, si Napoléon III avait voulu s'y opposer? Est-ce que, dans l'entrevue de Biarritz, Napoléon III était le seul solliciteur?

Les agents diplomatiques français en Allemagne n'étaient pas si ignorants que M. de Bismark affecte de le croire dans sa dépêche du 29 juillet [1], des véritables dispositions des cabinets germaniques et du public allemand, et si on leur eût demandé leur avis quant à la possibilité d'obtenir d'une puissance allemande la cession à la France d'une portion quelconque du territoire germanique, ils auraient déclaré, tous ou presque tous, qu'un tel projet était chimérique et dangereux, qu'il ne fallait s'engager, dans tous les cas, que moyennant un traité positif et précis, qui ne laissât rien au hasard des événements. Mais ce ne sont pas les diplomates français qui faisaient la diplomatie française ou qui la conseillaient. Elle se faisait à huis-clos, dans le cabinet de l'empereur aux Tuileries. C'est là qu'on ignorait tout ce qu'il aurait fallu savoir, ce qu'on aurait aisément appris si on avait demandé la vérité sur l'Allemagne à des agents sérieux. On ignorait, outre le dévelop-

---

[1] Relire cette dépêche dans les journaux du commencement d'août 1870, notamment dans le *Journal des Débats* du 2.

pement prodigieux du sentiment allemand (qu'on aurait dû connaître, puisqu'on y avait si fort contribué sans le vouloir), l'accroissement considérable des forces militaires de la Prusse avant 1866, et de l'Allemagne entière depuis 1866, qui rendait redoutable l'éventualité d'une collision avec l'Allemagne, et qui a donné à cette nation une puissance agressive qu'elle n'avait pas eue jusqu'alors.

On ignorait enfin, il faut bien le dire, notre propre affaiblissement militaire, trop visible, même avant la funeste campagne qui en a révélé toute l'étendue, et qui était un grave élément de la question si imprudemment engagée avec le chancelier de la Confédération du Nord.

C'est cette ignorance de toutes choses qui formait le suprême péril de cette négociation si téméraire.

S'il est une puissance contre laquelle la France dût être perpétuellement en garde, sans jamais rechercher de relations intimes avec elle, c'est la Prusse, constituée par l'Europe, en 1815, gardienne du Rhin et des frontières germaniques contre la France même ; la Prusse, qui, en cinquante années (de 1815 à 1865), sans acquisition de territoire, avait vu sa population accrue de près de deux cinquièmes ; la Prusse, dont les institutions militaires, appuyées sur la loi de l'instruction générale et obligatoire, faisaient du peuple prussien tout entier la nation armée, et armée contre la France; la Prusse, attentive à tout ce qui se passait chez nous, au point de le savoir mieux que nous-mêmes; la Prusse, enfin, ambitieuse et mécontente de la part que les événements et les traités lui avaient faite en 1815, aspirant à briser la Confédération germanique pour la refaire à son image, et à combler par la force le vide que les traités avaient laissé entre ses territoires du Rhin et le reste de la monarchie. Tout pacte avec cette puissance était illusoire et léonin; rien ne pouvait justifier aux yeux des gens sages le souverain de la France, d'avoir conspiré avec elle contre l'Autriche et contre la Confédération germanique, cette conspiration eût-elle réussi. De quoi s'agissait-il, en effet [1], dans la supposition la plus favorable? D'acquérir le territoire situé entre le Rhin et la Moselle, quinze ou seize cent mille habitants, pendant que la Prusse se serait fortifiée de sept ou huit millions d'âmes au centre et au nord de l'Allemagne. —

[1] Voir de nouveau la circulaire de M. de Bismark, en date du 29 juillet 1870.

Mais c'était là, pour la France, un marché de dupe, et périlleux. Car les populations qu'elle aurait ainsi acquises ne seraient pas plus devenues françaises que les Alsaciens ne deviendront Allemands ; elles auraient soupiré d'autant mieux après leur retour à la patrie allemande, que cette patrie, agrandie et fortifiée dans la personne de la Prusse, et de notre aveu, aurait eu des destinées plus brillantes. Et cette patrie elle-même n'aurait pas tardé à les revendiquer comme siennes. Ainsi, profit douteux et précaire, dommage visible et presque certain, tel était le résumé de la combinaison éclose dans le cerveau de Napoléon III, si elle se fût réalisée. Mais on aurait pu dire à la multitude, qui n'est pas obligée de connaître les questions politiques, que la dynastie napoléonienne avait refait les frontières de la France, défaites par d'autres. La multitude l'aurait cru peut-être, et la dynastie aurait prospéré en attendant que la France souffrît.

IV.

LE MEXIQUE, LES ÉTATS-UNIS.

Je ne dirai que quelques mots du Mexique, qui
a été cependant une complication dans la politique napoléonienne de 1862 à 1867, et une faute
grave. L'entreprise a fatigué nos finances, mais
plus encore notre état militaire que nos finances;
car il paraît avéré aujourd'hui que les dépenses
visibles et avouées n'étaient qu'une partie de la
dépense réelle, et que le surplus des fonds nécessaires était pris sur les divers services du ministère de la guerre au détriment de l'effectif des
régiments, de l'entretien des arsenaux, etc. Cette
manière de faire face à la dépense eût été dans
tous les temps fâcheuse; mais elle avait un in-
convénient beaucoup plus grand alors qu'on était
engagé, en Europe, dans une politique qui pou-

vait nous mener d'un moment à l'autre, ainsi qu'on l'a fait voir au chapitre précédent, soit à un conflit avec une puissance redoutable, soit au moins à une démonstration militaire considérable. Aussi arriva-t-il en juillet 1866, lorsqu'on songea trop tard à réparer la faute qu'on avait commise en ne prenant aucune précaution contre les suites dangereuses de la victoire de la Prusse en Allemagne, il arriva, dis-je, qu'on ne se trouva pas en mesure de faire avancer vers le Rhin une force militaire respectable, digne de la puissance militaire de la France, et capable d'en imposer à la Prusse. L'entreprise qu'on poursuivait au Mexique fut l'une des causes de cette insuffisance de nos ressources, et de notre inaction, comme aussi de la position critique où nous nous trouvâmes plus tard, au commencement de 1867, alors que les difficultés qui s'élevèrent à l'occasion de la forteresse de Luxembourg faillirent nous mettre aux prises avec la Prusse dans des conditions plus défavorables encore qu'en 1870, puisque l'armement de notre infanterie, reconnu insuffisant, n'avait pas encore été transformé.

Quant au but même que l'on se proposait au Mexique, je ne saurais le blâmer; il était légitime en lui-même, honnête et digne d'un meilleur suc-

cès. Légitime, car nous avions contre le Mexique
des griefs nombreux et anciens, dont on n'avait
jamais pu obtenir la réparation; honnête, car il
n'y avait rien de mieux, assurément, que de re-
lever l'ordre dans un pays troublé et ruiné par
une longue anarchie, sous les auspices et par les
mains d'un prince jeune et intelligent comme
l'archiduc Maximilien. Mais on avait négligé, condition préalable et nécessaire d'une entreprise
pareille, de s'assurer des éléments de succès que
rencontrerait au Mexique la fondation d'un ordre
de choses nouveau et monarchique, appuyé sur
l'intervention étrangère. On avait voulu s'en fier
aux appréciations d'exilés ou d'intrigants, qui
tous avaient leurs raisons pour souhaiter l'intervention française et leur espoir d'en tirer parti.

Or, et c'est par là que cette affaire du Mexique
se rattache étroitement au sujet général de ce
travail, qui est l'exposition des fautes diplomatiques commises presque sans interruption par
le gouvernement impérial, si l'on avait voulu
consulter les divers agents diplomatiques français qui avaient résidé au Mexique, on aurait su
par eux qu'il n'existait pas, dans ce pays, d'éléments de succès pour l'entreprise qu'on méditait;
qu'on n'y avait pas le goût d'un ordre de choses

stable et régulier ; que les habitudes de désordre
y étaient invétérées ; enfin et surtout, que la seule
vertu des Mexicains, si c'en est encore une alors
que toutes les autres font défaut, consistait dans
une aveugle et furieuse haine contre toute intervention étrangère, qui, attisée par les Etats-Unis,
rendrait la pacification du pays extrêmement difficile !

On voulut ignorer tout cela, et l'on alla au devant du lamentable échec qui s'est terminé par la
tragédie de Queretaro. Funeste avant-coureur de
la catastrophe qui, trois ans plus tard, devait en-
velopper la France dans la ruine de l'empire !

L'altération de nos rapports avec les Etats-Unis
a été aussi l'un des fruits de l'entreprise faite au
Mexique, et leur hostilité certaine était une des
causes d'échec qu'il aurait fallu prévoir. Je ne
dirai rien de la conduite tenue envers les deux
partis, en Amérique, pendant la grande guerre de
la sécession ; ce serait matière à controverse, et
je ne veux rien dire que d'incontestable. Le succès au Mexique, si nous l'avions obtenu, aurait
paré à ces inconvénients accessoires ; mais on
aurait dû savoir que le succès n'était pas possible.
C'est là le dernier résumé de cette affaire.

V.

CONCLUSION. FAUTES COMMISES PAR LA DIPLOMATIE
DÜ GOUVERNEMENT DE LA DÉFENSE NATIONALE.

On vient de voir toutes les grandes questions
de politique extérieure que le second empire a
vues naître ou a fait naître, depuis et y compris la
guerre d'Italie, traitées à l'inverse de l'intérêt de
la France, avec une opiniâtreté aveugle qu'aucun
avertissement n'a pu retenir, qu'aucun mécompte
n'a pu lasser, jusqu'à la faute suprême, qui a
consisté à vouloir la guerre sans connaître sa
propre faiblesse et la force considérablement accrue, accrue par notre propre fait, de l'adversaire.
Cette faute suprême a été la conséquence des
autres, et c'est pour les réparer qu'on s'est jeté
dans une guerre téméraire. Car il n'est pas vrai-

semblable qu'on eût éprouvé le désir d'attaquer l'Allemagne et de chercher un agrandissement de territoire à ses dépens, si on n'avait senti que l'empire avait perdu du terrain et du prestige, et qu'il avait besoin d'en regagner. L'incident secondaire qui a servi de prétexte à la guerre, en juillet 1870, était convenablement terminé ; on pouvait se tenir en repos si on l'avait voulu. Voilà comment l'enchaînement des fautes dans la conduite de la politique extérieure a amené la chute de l'empire par où on l'attendait le moins.

Qu'il soit permis maintenant à un homme du métier de signaler, avec la même indépendance, le grand tort, aujourd'hui trop visible, de la diplomatie improvisée du gouvernement de la défense nationale, au lendemain de la révolution du 4 septembre. Mais il faut d'abord poser comme principe certain et indubitable que, dans la diplomatie, c'est-à-dire dans le maniement des affaires des peuples, comme dans celui des affaires des individus, on ne peut tenir compte que des faits positifs, ou tout au moins des probabilités généralement admises, et que les illusions doivent être exclues. Je n'en excepte point les illusions qu'on appelle généreuses, parce que ce sont toujours des illusions, et même plus dangereuses que les autres, à cause que les cœurs honnêtes s'en défont plus difficilement.

L'illusion du gouvernement de la défense nationale et de son ministre des affaires étrangères a été de croire qu'après le désastre de Sedan et l'arrivée d'une grande armée ennemie devant Paris, il était possible de faire la paix avec l'Allemagne sans autre concession que celle d'une indemnité de guerre. C'est cette illusion qui a trouvé son expression dans la phrase fameuse : « Pas un pouce de notre territoire, pas une pierre de nos forteresses, » dont le second membre était évidemment de trop. Il était visible, en effet, qu'après le désastre de Sedan et l'investissement de Metz sans aucun moyen sérieux de secourir cette place, la France avait de plus larges concessions à faire si elle voulait la paix, et nous ajoutons qu'elle devait la vouloir. Il est aujourd'hui facile de le voir et de le dire après l'événement; mais les gens prévoyants et qui connaissaient un peu les éléments de la lutte de part et d'autre, l'ont vu dès le mois de septembre. La longueur et l'énergie honorable de la résistance de Paris les a surpris, mais ne les a pas fait douter du dénouement final, qui était inévitable. A Paris, on a vécu de l'illusion que des armées improvisées de gardes mobiles et de francs tireurs, jointes à des restes de troupes de ligne, pourraient se frayer un chemin vers Paris, et, en province, on s'est bercé de la chimère que l'armée de Paris pourrait rompre le cercle de fer de l'investissement. Ce sont ces rêveries peut-être qui nous coûtent aujourd'hui l'Alsace ou tout au moins une partie de la Lorraine. Je vais m'expliquer.

Quels devaient être la visée et le souci pressant du gouvernement issu de la révolution du 4 septembre? Evidemment, de ménager à la France l'intervention ou la chance d'intervention des grandes puissances neutres, seul espoir sérieux qui restât à la France de conclure la paix à des conditions sortables. Or, si la déclaration qu'on ne céderait pas un pouce de territoire pouvait se concevoir et se faire admettre des puissances neutres, il n'en était pas de même du refus de rien céder quant aux forteresses ; car l'Allemagne, à ce compte, n'aurait tiré aucun fruit de sa victoire et serait demeurée exposée , dans l'avenir comme dans le passé, en présence de Strasbourg et de Metz, à une nouvelle agression de la France. Le démantèlement des forteresses de la Lorraine et de l'Alsace , et la renonciation ainsi affichée à toute intention menaçante envers l'Allemagne, était, pour ainsi dire, le point de jointure des intérêts généraux et des intérêts particuliers de la France, où un négociateur véritable, un homme d'Etat, se fût efforcé d'attacher le fil d'une négociation propre à conduire à la paix. Je ne sais si les dispositions des neutres à intervenir pour ménager à la France des conditions de paix qui laissassent son territoire intact étaient bien vives avant la fameuse déclaration de M. Jules Favre ; mais j'affirme que le projet d'intervention, s'il a été conçu quelque part, a dû être abandonné aussitôt que cette déclaration a été connue.

La seconde faute commise par le même ministre n'a été que la suite de la première. C'était à l'entrevue de Ferrières, du 20 au 23 septembre, et elle est attestée par le récit même, récit officiel que M. J. Favre a fait de ses entretiens avec M. de Bismark. Il est constant, par ce récit, qu'à un certain moment le roi de Prusse (ce n'était pas encore l'empereur d'Allemagne) a consenti à un armistice, durant lequel les élections générales auraient eu lieu en France, sous la seule condition que la place de Strasbourg et celle de Toul, si j'ai bonne mémoire, seraient remises aussitôt à l'armée allemande. C'était devancer à peine d'un très petit nombre de jours l'événement prévu de la reddition de ces places, puisque Strasbourg, après la défense la plus honorable, a capitulé du 26 au 28 septembre, et Toul à peu près en même temps.

M. Jules Favre ne répondit à cette proposition que par une sortie éloquente, si l'on veut, mais intempestive; car les affaires d'Etat n'admettent l'éloquence qu'à son heure et à propos. Il s'écria avec la véhémence d'un cœur touché : « Vous ou- » bliez que vous parlez à un Français; vous nous » demandez de sacrifier une garnison héroïque, » et c'est là une question d'honneur, etc., etc. » On est obligé de se demander comment la brave garnison de Strasbourg eût été plus sacrifiée en rendant la place quatre ou cinq jours plus tôt, sur l'ordre du gouvernement français, qu'elle ne l'a été en la rendant quatre ou cinq jours plus tard, sur la sommation du commandant de l'armée assiégeante. — Ce n'est pas avec de tels sentiments, si honnêtes qu'ils puissent être, ce n'est pas avec de tels moyens, qu'on fait les affaires d'une nation, surtout alors qu'elles sont aussi compromises que l'étaient celles de la France en septembre 1870. Permis au soldat de combattre quelquefois pour l'honneur seulement; mais un homme d'Etat ne doit avoir en vue que le profit positif du pays.

L'occasion de conclure un armistice à des conditions acceptables, et la paix ensuite, une paix moins onéreuse, échappa donc à Ferrières. Au reste, M. Jules Favre n'est ni seul ni principalement responsable de cette faute. Il n'était pas le maître de la situation et de la négociation ; il était dominé par le délire du peuple de Paris, qui déjà le suspectait pour avoir seulement recherché ou accepté une entrevue avec M. de Bismark et osé parler de paix. — C'est que la première condition pour négocier utilement, c'est de parler au nom d'un gouvernement véritable, c'est-à-dire d'un pouvoir assez indépendant pour n'avoir pas à compter avec l'ignorante multitude, et pour imposer au pays ce qu'il croit nécessaire et conforme à ses intérêts. Le gouvernement du 4 septembre (si c'en était un) n'a jamais rempli cette condition essentielle, et il n'est pas certain aujourd'hui (25 mars) que le gouvernement élu par la France entière le remplisse. C'est le trait le plus sanglant de la longue oppression que le peuple de Paris a fait subir à la France.

BESANÇON, IMPRIMERIE DE J. JACQUIN.